AF301773

Illustrationen: Sibylle Gillabert
Gestaltung und Layout: Thomas Biedermann, Kreativ-Schmiede, www.kreativ-schmie.de
Herstellung und Verlag: BoD - Books on Demand, Norderstedt
Meine Website: www.sibilcita.de
Social Media Profile: @sibilcita (Twitter/Instagram)
ISBN 978-3-754329-64-1

Vorwort:

Sie an ihn und er an sie.

Ursprünglich hatte die Zeichnerin sich diese illustrierten Liebes-
grüße als Postkarten vorgestellt.

Sogar als Überraschung im eigenen Briefkasten, falls die Verlieb-
ten schon zusammen wohnen.

Über die Autorin:

Bei Twitter und Instagram unter @sibilcita.

Art & Culture I Architecture I Tech I Space I Science I Fashion I Photo
I Humor

Sibylle Gillabert ist Hobby-Fotografin und -Zeichnerin, die sich am
Computer auch mit 3D beschäftigt hat, darunter der einst für das
Web vorgesehenen, aber untergegangenen Virtual Reality-Spra-
che VRML (Virtual Reality Modelling Language).

Danach war ihr Lieblingstool ILLUSTRATOR, mit dem sie auch die
Superstars erstellte.

Mausi, bin voll
am Rotieren !
Ich freu' mich so auf dich

Schnuppi, ich
hab' mich absolut nicht
versteckt!

Ich will mit dir unsere Umlaufbahn schreiben

Tiger, Mathe ist so heiß!
Allein dieses Wurzelziehen!
Oh, und diese Potenzen!

Süße, du bist mein
SUPERSTAR !
Bin am Vorbereiten!

Dicker, es besteht

Verbesserungsbedarf…

Hasi,
Du kriegst gleich einen Überraschungskorb!

Schieter, ohne Dich
läuft hier doch nichts!

Süße, sieht der etwa was,
was ich nicht sehe!

Hab' mich heute für Dich

generalüberholt !

Tiger, hier sind fast 40°!
Ich bin doch hier!

Süßer! Hab' ein neues Wort:
pixie crop!
Soll ich?

Bin auf dem Hochsitz!
Ich such' nicht irgendein Wildschwein!
Nur dich, mein Rehlein !

Weiß und fettig, Süßer -
mein Sahnehäubchen für dich!

Hasi, ich verrenke mich gerade für dich, bin am Girlande-schnippeln!

Nein, Dicker!

Spitz - rund - bunt!
`Ne Wundertüte !

Emily schickt dir
gleich ihr SELFIE !

Mausi,
ist nur eins von meinen
Sommermärchen für dich !

Spatzi, ich denke gerade laut
an Dich – schon kommt dein
Avatar!

Täubchen,
habe meine
Siebenmeilenstiefel
an!

Häschen, klitschnass hier!
Bei dir bin ich in trockenen Tüchern!